Stefan Fleischer

Getwitter zur Fastenzeit

Stefan Fleischer

Getwitter zur Fastenzeit

*Tagessprüche
von Aschermittwoch
bis zum Ostersonntag*

Bibliografische Information der Deutschen Nationalbibliothek:
Die Deutsche Nationalbibliothek verzeichnet diese Publikation in der Deutschen Nationalbibliografie; detaillierte bibliografische Daten sind im Internet über http://dnb.dnb.de abrufbar.

© 2013 Stefan Fleischer
http://www.stefanfleischer.ch

Titelbild: Stefan Fleischer

Herstellung und Verlag: BoD – Books on Demand, Norderstedt

ISBN: 978 373 224 109 5

Vorwort

Wenn Christus heute käme
würde er dann nicht
auch in Aphorismen predigen?

Aschermittwoch

Das grundlegendste Angebot
der Kirche ist die
Möglichkeit der Umkehr.

Donnerstag 1. Woche

Christus hat nicht gesagt:
"Rennt vorwärts"
sondern: "Kehrt um!"

Freitag 1. Woche

Um seine Probleme mit Gott
zu bereinigen, braucht man nicht
bis zum Gericht zu warten.

Samstag 1. Woche

Wenn die Barmherzigkeit Gottes ein Rechtsanspruch wäre,
wäre sie keine Barmherzigkeit.

1. Fastensonntag

Viele würden Ihr Leben geben,
um nicht sterben zu müssen.!

Montag 2. Woche

Fasten heisst auch,
sich bewusst werden,
dass die eigenen Bedürfnisse
gar nicht so wichtig sind.

Dienstag 2. Woche

Die Armut in der Welt
lässt sich nur bekämpfen
mit der Tugend der Armut.

Mittwoch 2. Woche

Nur die Forderungen,
die wir an uns selber stellen
bringen die Welt vorwärts.

Donnerstag 2. Woche

Zwei Fehler sollte man nie machen:
Fasten um zu sparen und
sparen beim Fasten.

Freitag 2. Woche

Wir alle wären gerne tapfer,
wenn es dazu keine
Tapferkeit bräuchte."

Samstag 2. Woche

Gott ist die Liebe.
Die Liebe allein aber
ist noch nicht Gott.

2. Fastensonntag

"Vater unser im Himmel" beten wir,
und dann beanspruchen wir ihn
ganz für uns und unsere Erde.

Montag 3. Woche

> Christ sein heisst,
> ganz normal leben
> mit Gott.

Dienstag 3. Woche
___

Beten heisst nicht,
Gott einen Forderungskatalog
vorzulegen.

Mittwoch 3. Woche

Der Kapitän bin ich,
aber nicht der Herr meines Lebens.

Donnerstag 3. Woche

Heiligkeit hier auf Erden
ist ein ständiges Werden.

Freitag 3. Woche

Lieber ein Gefangener Gottes,
als ein Sklave der Welt.

Samstag 3. Woche

Christus ist nicht gekommen,
die Fesseln der Gebote zu lösen,
sondern die Fesseln der Sünde.

3. Fastensonntag

Über die Sonntagschristen
dürften wir uns erst dann ärgern,
wenn wir selber
Werktagschristen wären.

Montag 4. Woche

Gott hat uns erwählt.
Aber wir müssen uns wählen lassen.

Dienstag 4. Woche

Eine Predigt, die mir schmeichelt,
habe ich entweder falsch verstanden,
oder sie ist nicht gut.

Mittwoch 4. Woche

Eine Liebe Gottes,
der ich nicht vertraue,
an die glaube ich auch nicht wirklich.

Donnerstag 4. Woche

Es hätte schon mancher viel erreicht,
wenn er das Mögliche getan hätte.

Freitag 4. Woche

> Der Glaube an Gott ist
> die beste Medizin
> gegen den Egoismus."

Samstag 4. Woche

Sich selbst
nicht wichtig nehmen kann nur,
wer Gott wichtig nimmt..

Sonntag Laetare

Gott liebt uns als Menschen,
nicht als Übermenschen.

Montag 5. Woche

Die Re-volution,
die Christus verkündete,
heisst: Umkehr zu Gott.

Dienstag 5. Woche

Mit dem Kreuz Christi sind wir
weit näher bei den Armen,
als mit Hilfsgeldern.

Mittwoch 5. Woche

Armut sei der Nährboden
der Gewalt, sagt man.
Nein, es ist der Reichtum,
jener Reichtum,
der den Armen erst arm macht.

Donnerstag 5. Woche
___

Was will denn Gott noch für uns tun, wenn wir alles selber machen wollen?

Freitag 5. Woche

Ein Fehler
der Befreiungstheologie ist,
dass sie die Feindesliebe vergisst.

Samstag 5. Woche

Wir müssen das christliche Fasten
wieder entweltlichen.

Passionssonntag

Vertraue nie blind.
Hab stets Gott vor Augen.

Montag 6. Woche
___

Früher wurde die Möglichkeit,
in der Hölle zu landen,
massiv überbetont.
Heute wird sie meist ganz vergessen.

Dienstag 6. Woche

Das Erbarmen Gottes
hat seine Grenzen dort,
wo wir ihm Grenzen setzen.

Mittwoch 6. Woche

Gott ändert seine Gebote nicht,
nur weil wir Menschen
sie übertreten.

Donnerstag 6. Woche

Gott erwartet unser Schuldbekenntnis nicht als Schikane, sondern als pädagogische Massnahme.

Freitag 6. Woche

Keinem Seefahrer wird es
in den Sinn kommen,
den Leuchtturm zu versetzen,
um seine Route abzukürzen."

Samstag 6. Woche

Sich vom Kreuz abzuwenden
ist nicht jene Umkehr
die der Herr verkündet hat.

Palmsonntag

Wenn du Gott zum Vater hast,
so danke ihm und sei zufrieden.

Montag 7. Woche

Wenn du glaubst, Gott sei dir fern,
so muss du ihn näher bei dir suchen.

Dienstag 7. Woche

Ein Gott,
der dein Leben nicht verändert,
ist überflüssig.

Mittwoch 7. Woche

Es gäbe viel weniger Leid in der Welt,
wenn wir das Leid
akzeptieren würden.

Hoher Donnerstag

Ein Fest feiern kann jeder.
Sich wahrhaft freuen ist eine Kunst.

Karfreitag

Wer nicht erlösungsbedürftig ist braucht auch keinen Erlöser.

Karsamstag

Der christliche Glaube
verlangt Radikalität
nicht so sehr äusserlich,
sondern innerlich.

Ostersonntag

Auferstehung heisst auch:
geh und sündige nicht mehr.